AF586438

ALLIANCE DES ARTS.

CATALOGUE
DES ANTIQUITÉS

BRONZES, PLATRES, SOUFRES, MÉDAILLES, ESTAMPES ET DESSINS,

PROVENANT DU CABINET

DE FEU M. E.-T. (MIONNET.)

La vente se fera les 28 et 29 décembre, à une heure précise, hôtel des commissaires-priseurs, place de la Bourse, n° 2, salle n° 11.

Par le ministère de Mes COMMENDEUR et BATAILLARD, comm.-priseurs.

EXPOSITION PUBLIQUE

De dix heures à une heure, chaque jour de vente.

PARIS
ADMINISTRATION DE L'ALLIANCE DES ARTS,
RUE MONTMARTRE, 178.

1842.

AVANT-PROPOS.

Le cabinet de feu M. Mionnet n'avait sans doute rien de remarquable entre les riches cabinets d'antiquités et les collections d'art qui s'étaient formés autour de lui ; mais tous les objets dont il se composait, quelque minime que fût leur valeur, étaient chers à leur propriétaire. Ce sont, pour ainsi dire, de modestes échantillons dans les diverses branches de *la curiosité*, et la plupart lui avaient été donnés par ses amis de France, d'Italie, d'Allemagne, etc.

On distinguera pourtant plusieurs articles vraiment intéressants, tels que le petit vase en bronze provenant des fouilles de Pompeï, le buste en bronze du médecin grec, différentes autres reproductions des antiques du cabinet de la Bibliothèque du Roi, le talisman de Catherine de Médicis, le joli médailler contenant un choix d'empreintes en soufre des médailles les plus rares, une suite d'as romains, et enfin un certain nombre de dessins précieux que M. Mionnet devait à la généreuse amitié du marquis de Lagoy.

Tous ces objets, dont M. Mionnet vivait entouré depuis bien des années et qui faisaient en quelque sorte partie de sa bibliothèque, témoignent de ses goûts d'archéologue et d'artiste, goûts éclairés et intelligents quoique restreints par la médiocrité de sa fortune et par sa passion exclusive pour la numismatique.

LES DIRECTEURS DE L'*Alliance des Arts*.

Dans la première vacation, on vendra les antiques, bronzes, terres-cuites, médailles, etc. ; dans la seconde, les gravures et les dessins.

Les acquéreurs payeront, au-dessus du prix d'adjudication, 5 p. 100, *applicables aux frais.*

CATALOGUE
DES ANTIQUITÉS

BRONZES, PLATRES, SOUFRES, MÉDAILLES, ESTAMPES ET DESSINS,

PROVENANT DU CABINET

DE FEU M. E.-T. MIONNET.

ANTIQUES.

1. Chat égyptien.
H. 11 c.

2. Prêtre d'Osiris.
Socle en bronze. — H. 24 c.

3. Autre, couvert d'hiéroglyphes.
Socle en bois. — H. 10 c.

4. Osiris, assis, tenant un livre sur ses genoux.
Socle en bois. — H. 14 c.

5. Divinité égyptienne, à tête de chacal, avec des yeux en or.
H. 22 c.

6. Hercule ayant sur ses épaules la peau du lion de Némée et levant le bras.
H. 10 c.

7. Deux divinités étrusques.
H. 9 et 7 c.

8. Diane d'Éphèse.
H. 12 c.

9. Vase, d'un beau travail grec, représentant des exercices de lutteurs entre les Hermès de Mercure et d'Hercule.
Provenant des fouilles de Pompeï. — H. 12 c.

10. Lampe, du plus gracieux modèle, figurant un dragon ailé qui supporte le vase destiné à contenir l'huile, et qui est suspendu à un fléau terminé en serpent.
Provenant des fouilles de Pompeï. — H. totale, non compris le fléau, 20 c.

11. Captif garrotté et à cheval sur un phallus, emblème ayant servi d'ornement à une sonnette ou à quelque meuble.
H. 6 C.

12. Tintinnabulum, agrafe et autres menus objets antiques.

13. Trois clefs, dont une fort petite et très-compliquée.

14. Bague antique, en argent, avec un dauphin gravé et cette inscription : *Neptuno invicto*.

15. Deux figurines en terre cuite, l'une représentant une danseuse jouant de la double-flûte, l'autre une femme drapée et debout, les bras croisés.
H. 14 et 15 C.

16. Deux lampes en terre cuite, l'une avec la tête d'Hercule, l'autre avec la figure d'une chèvre qui broute.
LONG. 11 C.

— Autre, avec le croissant et des étoiles. Inscription : C.ORRI.KES.
LONG. 14 C.

17. Six petits vases grecs, antiques, de différentes formes, en terre cuite, ornés de peintures, provenant des fouilles de Pompeï.

17 *bis*. Sept autres vases de même dimension.

18. Sept épingles pour la coiffure, en ivoire.
Provenant de Pompeï.

COPIES D'ANTIQUES.

I. BRONZES.

Nota. La plupart de ces belles reproductions des chefs-d'œuvre de l'art grec et romain ont été faites par M. Lafontaine, et ne se trouvent pas dans le commerce.

19. Buste du médecin grec, d'après l'antique, du Cabinet des médailles. Grandeur naturelle.
On n'a coulé que trois épreuves en bronze de cet admirable morceau de statuaire grecque : et ces épreuves sont presque aussi belles que l'original. Deux ont passé en Angleterre.

20. Mars étrusque, d'après l'original du musée de Florence, en habit de guerre, avec casque et bouclier.
H. 34 C.

21. Femme étrusque coiffée du *tutulus*, tenant d'une main le pan de sa robe et de l'autre main un fruit.
Socle d'albâtre. — H. 10 C.

22. Jupiter Olympien.
Socle en marbre blanc. — H. 17 c

23. Hercule *urinator*, couronné de pin et appuyé sur sa massue.
Socle en albâtre. — H. 17 c.

24. Petit Hercule urinateur.
Socle en marbre noir. — H. 6 c.

25. Hercule ivre et à demi renversé.
Socle en marbre noir. — H. 6 c.

26. Hercule ivre et chancelant, la coupe rustique à la main.
Socle en albâtre. — H. 10 c.

27. Sacrificateur vêtu de la stola et tenant la boîte d'encens.
Socle en albâtre. — H. 20 c.

28. Autre sacrificateur, tenant l'*acerra*.
Socle en marbre noir. — H. 10 c.

29. Philosophe cynique à genoux.
Socle en marbre noir. — H. 10 c.

30. Nain vêtu de la toge.
Socle en marbre noir. — H. 7 c.

31. Phallus en danseur.
Socle en marbre noir. — H. 10 c.

32. Homme à tête de singe.
Socle en marbre noir. — H. 10 c.

33. Mime.
Socle en marbre gris et noir. — H. 16 c.

34. Acteur comique, avec le masque.
Socle en granit. — H. 8 c.

35. Général romain, debout, en costume militaire.
H. 17 c.

36. Femme au bain, dans un bassin de marbre jaune.
H. 8 c.

37. Tête de Jupiter Ammon, en demi-ronde bosse.
Cadre de cuivre. — DIAM. 8 c.

38. Buste de Minerve casquée, ornement d'un bouclier ou fragment d'un bas-relief.
Socle en bronze. — H. totale 30 c.

39. Hibou tenant trois souris dans ses serres.
H. 16 c.

40. Lampe en forme de pied chaussé du cothurne.
LONG. 16 c.

II. TERRES-CUITES, PLATRES, SOUFRES, ETC.

41. Tête de Jupiter Ammon, en terre cuite, estampage original, d'après l'antique.

Cadre de bois.

42. Épreuve en bronze de la patère d'or trouvée à Rennes en 1774, représentant le défi bachique de Bacchus et d'Hercule, entouré de seize médaillons d'empereurs et d'impératrices.

Cadre de bois doré. — DIAM. 25 C.

43. Têtes d'Antinoüs, de Julia-Augusta, de Cérès, de Mercure et d'Hercule, d'après l'antique. 5 pièces.

Terres-cuites italiennes. — Cadres de bois. — H. 9 C.

44. Estampages en plâtre du grand camée de Vienne, représentant l'apothéose d'Auguste, et de deux autres camées du même Cabinet.

Sous verre. Belle épreuve d'artiste.

45. Autre du même camée.

Sous verre. Épreuve d'artiste.

46. Estampage du camée de la Sainte-Chapelle, conservé à la Bibliothèque du Roi.

Sous verre. Épreuve d'artiste.

47. Estampages de deux autres petits camées de Vienne. 2 pièces.

Sous verre. Épreuves d'artiste.

48. COLLECTION D'EMPREINTES EN SOUFRE (environ 400) des médailles grecques les plus rares et les plus parfaites, dans un médailler d'acajou fermé à clef.

Ce petit médailler, formé par M. Mionnet pour son usage avec un soin particulier, n'était jamais sorti de son cabinet de travail : il l'aimait et se plaisait à y ajouter de nouveaux types.

49. COLLECTION D'EMPREINTES EN SOUFRE ROUGE (environ 400) des plus belles pierres gravées des principaux Cabinets, en neuf cadres, sous verre.

M. Mionnet faisait le plus grand cas de cette charmante collection, admirablement choisie et formée avec un soin infini par d'Ennery.

50. Estampage de la pierre persépolitaine ovaire, conservée au Cabinet des Médailles.

50 *bis*. Autre exemplaire de la même.

51. Estampages en plâtre d'après des fragments antiques, égypt., éginét., grecs, etc.

52. Autres, d'après des petits bas-reliefs grecs, romains, gothiques, etc., avec fragments de figures en plâtre, brisées.

53. Sept petits bustes en plâtre, d'après des antiques conservés dans différents Cabinets français et étrangers.

53 *bis*. Sept petites figurines en plâtre, d'après des antiques.

53 *ter*. Coupe en terre rouge, ornée de festons, imitation des poteries romaines, faite par M. Artaud, directeur du Musée de Lyon.

H. 8 C., D. 21 C.

BRONZES DIVERS.

54. Buste d'un empereur romain couronné de laurier. Original du seizième siècle.

Socle en bois. — H. 9 C.

55. Satyre assis, d'après Michel-Ange.

Socle en marbre, garni de bronze. — H. 24 C.

56. Faune, portant une outre remplie de raisins, avec la panthère, d'après un bronze florentin.

H. 31 C.

57. Jeune faune nu, assis, jouant de la flûte, d'après un bronze florentin.

H. 24 C.

58. Scarabée égyptien.

L. 6 C.

59. Sistre.

H. 20 C.

60. Femme nue, posée sur une tortue, portant une lampe sur sa tête.

H. 28 C.

Ce bronze et les suivants sont des compositions modernes.

61. Levrier au repos.

Socle en marbre rouge. — H. 8 C.

62. Deux coupes, avec anses à mascarons, portant au fond la tête de Méduse.

H. 7 C., DIAM. 12 C.

OBJETS DIVERS.

63. Épée du douzième siècle, en fer, avec garde.

LONG. 82 C.

64. **Calice en agate, en trois pièces, monté en vermeil. Seizième siècle; ouvrage allemand.**

Morceau précieux. — H. 16 c., DIAM. de la coupe, 14 c.

65. **Médaillon talismanique, qui passe pour avoir appartenu à Catherine de Médicis.**

Argent émaillé, 5 c. de diamètre.

C'est une espèce de médaillon à deux faces, destiné à être porté au cou. Il offre, du côté convexe, deux guerriers armés de toutes pièces qui se donnent la main et s'apprêtent à boire en signe de foi jurée; à leurs pieds sont leurs lances, dont sans doute ils ne veulent plus faire usage l'un contre l'autre. Ce serment a lieu dans un temple qui semble être celui de la Concorde. Au-dessus de la statue de cette déesse est un cadran, avec aiguille mobile, divisé en six compartiments numérotés, pour marquer un nombre. De l'autre côté du médaillon, les signes du zodiaque sont représentés en or sur émail, séparés par des fleurs de lis en argent; au milieu, divers arabesques du plus charmant style italien, avec deux aiguilles mobiles.

Nous pensons que ce talisman a été composé par quelque astrologue de cour, en mémoire d'une réconciliation solennelle de deux ennemis.

66. **Bague persanne en argent, avec pierre verte portant une devise en caractères persans.**

67. **Pendule-horloge, façon Boule, écaille et cuivre, avec figures et ornements, cadran en cuivre et émail.**

H. 91 C., L. 33 C.

67 *bis*. **Tête de Christ. Terre cuite, par Pierre Puget.**

68. **Stalactite de Tivoli, ayant presque la forme d'un torse humain.**

Socle de marbre noir et jaune. — H., avec le socle, 40 c.

69. **Fragment d'un tam-tam moderne, de nouvelle composition.**

70. **Coupe en granit vert, fabriquée à Rome.**

H. 6 C., D. 14 C.

71. **Pierre gravée moderne, représentant une tête d'homme barbu.**

Agate. — H. 2 c. 1/2, L. 2 c.

72. **Deux loupes avec leurs étuis, dont l'une destinée à prendre des empreintes de médailles.**

MÉDAILLES.

I. AS ROMAINS.

Nous avons suivi, pour la classification de cette collection d'as, qui se recommande aux antiquaires par sa belle conservation, le nouvel ouvrage des pères Marchi et Tessieri, intitulé, *l'As grave del Museo Kircherian*. Ce livre étant dans les mains de tous les numismatistes, nous avons cru devoir y renvoyer, en indiquant les planches où se trouvent dessinés ceux des as que nous mettons en vente.

73. *Semis*. — Module 14 de Mionnet. Trois pièces semblables.

Tête barbue et laurée de Jupiter, à gauche. R. Proue de navire, tournée à droite; au-dessus le S, marque du *Semis*.— Marchi et Tessieri, pl. III A, n° 2.

74. *Triens*. — Module 13 et un quart. Cinq pièces.

Tête casquée de Minerve, à gauche; dessous, quatre points, marque de la valeur. R. Proue de navire; à droite; dessous, quatre points. — M. et T. pl. III A, n° 3 A.

75. *Triens*. — Module 13.

Tète de Minerve, à droite. R. Proue de navire, à gauche; dessous, quatre points. — M. et T., pl. III A, n° 3 B.

76. *Semis*. — Module 14.

Tête de Jupiter, à gauche, — sans marque de valeur. R. Proue de navire, à gauche; au-dessus, S. — M. et T., pl. III B, n° 2 A.

77. *Quadrans*. — Module 10.

Tête d'Hercule, à gauche; dessous, trois points. R. Proue, à gauche; dessous, trois points. — M. et T., pl. III B, n° 4.

78. *Sextans*. — Module 9.

Tête de Mercure, à droite. R. ROMA. Proue de navire, à droite; dessous, deux points. — M. et T., pl. III C, n° 1.

79. *Quadrans*. — Module 13.

Main ouverte; à gauche, trois points. R. Même type; à droite, trois points. M. et T., pl. IV, n° 4.

80. *Sextans*. — Module 10.

Partie intérieure d'une coquille bivalve. R. Partie extérieure de la même coquille; au-dessus, deux points. — M. et T., pl. IV, n° 5.

81. *Triens*. — Module 14.

Foudre; dans le champ, quatre points. R. Dauphin; à droite; dessous, quatre points. — M. et T., pl. VI, n° 3.

82. *Quadrans*. — Module 13.

Main et strigile; à gauche, trois points. R. Trois points entre deux grains d'orge posés en sens invers. — M. et T., pl. VII, n° 4.

83. *Sextans.* — Module 10 et un quart.
Coquille et deux points. R. Caducée et strigile, dans le champ ; deux points. — M. et T., pl. VII, n° 5.

84. *Sextans.* — Module 10.
Tortue. R. Roue. — M. et T., pl. VIII, n° 6.

85. *Quadrans.* — Module 13. Deux pièces.
Sanglier courant, à droite ; dessous, trois points. R. Sanglier courant, à gauche. —M. et T., pl. IX, n° 4.

86. *Triens.* — Module 14.
Aigle entre quatre points. R. Sèche entre quatre points. —M. et T., pl. XI, n° 3.

87. *Semis.* — Module 15.
Tête de bœuf, à droite. R. Proue de navire, à droite ; dans le champ, S, marque de valeur.—M. et T., pl. des Incerte I, n° 2.

88. *Semis.* — Module 14. Pièce douteuse : elle est sans patine, et les bords ont été limés.
Épi d'orge et strigile, ou signe du Semis. — M. et T., pl. des Incerte II, n° 1.

89. *Triens.* — Module 13 et un quart.
Lyre entre quatre points. R. Buste de sanglier, tourné à droite ; dans le champ, quatre points. — M. et T., pl. des Incerte II, n° 5.

90. *As de famille romaine.* — Module 9.
Tête double de Janus. R. ARENA. Proue de navire, et le signe I, marque de l'as.

II. MEDAILLES ET MONNAIES DE L'EMPIRE, DE LA RESTAURATION, ET SCEAUX.

91. Médaille d'argent, frappée à l'occasion de la mort de Louis XVI, *immolé par les factieux.*—Médaille de bronze, gravée par Tiollier, en mémoire de la mort de Louis XVII, avec cette inscription accompagnant un lis brisé : *Cecidit ut flos.*

92. Siége de la Bastille, 14 juillet 1789. N° 24, de l'*Hist. numism. de la Révol.*
— Arrivée du roi à Paris, 6 octobre 1789. N° 62.
Belles épreuves de graveur en étain.

93. Cinquante-deux faces ou revers des médailles de l'Empire.
Épreuves d'artiste en étain.

94. Passage du Mont-Saint-Bernard, et bataille de Marengo, an VIII. Andrieu f. 2 pièces.
Cadres de cuivre. Épreuves d'artiste en bronze.

95. Cinq médailles frappées en l'honneur de l'armée d'Italie. Nos 4, 2, 5, 3, 7, de l'*Hist. métall. de Napoléon.*

96. Médaille frappée à Milan en l'honneur de la prise de Vienne en 1805. No 107.

97. Napoléon, empereur. — Joséphine, impératrice. — Andrieu f. 2 pièces.
Épreuves d'artiste en bronze. Cadres de cuivre — DIAM. 7 C.

98. Face et revers de la médaille du Musée Napoléon.
Épreuve d'artiste en terre cuite.

99. Têtes de Napoléon et de Marie-Louise, superposées, par Galle.
Bronze doré. — DIAM. 4 C.

100. Quatre médailles et monnaies d'argent d'Élisa Napoléon et de Félix Bacciochi, prince de Lucques.

101. Le retour de l'Empereur; face.
Épreuve d'artiste en étain. Cette médaille n'est pas gravée dans l'*Hist. métall. de Nap.*

102. Douze pièces de monnaies, jetons, médailles, etc., en argent, frappés en France, en Italie, et pendant l'Empire.

103. Trente et une faces ou revers des médailles de la Restauration.
Épreuves d'artiste en étain.

104. Vingt médailles en bronze frappées à la Monnaie pendant la Restauration.

105. Ludovicus XVII, Franciæ et Navarræ rex. *Regni tantum jura.* Depaulis f.
Épreuve d'artiste. Cercle de cuivre et cadre de bois noir. — DIAM. 12 C.

106. Charles X. Pièces d'essai de 5 fr. et de 20 fr., par Michau.
Cadre de bois noir.

107. Buste de Michel-Ange. Lég. : *Michel piu che mortal Angel divino.* Santarelli. — Rev. : trois couronnes de chêne, de lierre et de laurier. Inscr. : *Levan di terra al ciel nostr' intellecto.* 1812.
Épr. d'artiste en étain.

108. Médailles de J. Calvin, d'Ambroise Paré, de J. Amyot, d'Ant. Arnauld, de Jolyot de Crébillon, et de J. Racine ; en bronze.

Six pièces de la Galerie métallique.

109. Martin Luther. Lég. : *Verbum Dei manet in æternum.* Depaulis f. — Rev. : la Religion écartant les nuages qui couvrent les Evangiles. Inscr. : *Troisième Jubilé de la Réformation célébré à Paris.* 1817. Wittemberg.

110. Médaille d'argent gravée par Michaux en l'honneur du peintre Louis David.

111. Médaille en argent doré, frappée pour le roi de Sicile Charles VI. Face : la tête laurée de ce prince.—Rev. : l'aigle à deux têtes, portant dans ses serres une couronne et une branche d'olivier, et planant au-dessus d'un roi qui tient une carte et un serpent, avec cette inscription : *Obumbravit me in die belli* 1720.

112. Quatre pièces de monnaies d'essai en cuivre rouge, à l'effigie de Charles IX, roi de Suède.

113. Trois pièces de monnaies turques, argent et or.

114. Neuf sceaux en plomb, provenant de bulles vénitiennes et autres.

115. Sceau en fer du pape Paul II, pour sceller des bulles *sub plumbo*, représentaut d'un côté le baisement de la pantoufle du pape, et de l'autre les apôtres saint Pierre et saint Paul.

III. MÉDAILLONS.

116. Médailles de Tibère, Néron, Messaline et Drusilla, en cuivre repoussé, d'après les médailles antiques, avec cadres en même métal. — Quatre pièces.

117. Face et revers d'un médaillon de l'empereur Valens, en bronze d'après l'antique, conservé au musée de Vienne. Cadre de bois. — DNVALEN SPFAUGUS. — Rev., *Gloria Romanorum.*

Cadre de bois. — DIAM. 9 3/4 C.

118. Sigismondus Pandulfus de Malatestis Ro. Ecclesie capitaneus g. — Rev. : Castellum sismondum arminiense, 1446. — Tête de profil et prospect d'une ville fortifiée.

Bronze. — DIAM. 8 C.

119. Felice Ludovico regnante duodecimo, Cæsare altero, gaudet omnis nacio. — Rev. : Lugdun. republica gaudente

bis. Anna regnante benigne sic fui conflata. 1499. — Bustes de Louis XII et d'Anne de Bretagne, face et revers.
Bronze. — DIAM. 10 C. 1/4.

120. Hanricus IIII D. G. Francorom et Navar. rex. — Buste de face.
Bronze. — DIAM. 10 C.

121. Ludovic. XIII, D. G. Francorum et Navar. rex. — Demi-figure.
Ovale et convexe. Bronze. — H. 18 1/2, L. 14 C.

122. Nicolas de Neufville, maresc. dux et par Gall. Lugd. gubern., par Bidau, 1659. — Buste de profil.
Cadre de bois noir. Bronze. — DIAM. 16 C.

123. Catz, viandmoers ze Mauritii Dei gratia princip. Auraicæ, comit a Nas. — Buste de trois quarts.
Bronze. — DIAM. 10 C.

124. J.-B. Colbert, ministre d'État. — Buste de profil.
Bronze. — DIAM. 11 C.

125. Frédéric le Grand, roi de Prusse. — Buste de profil.
Cadre de bois noir. Bronze. — DIAM. 10 C.

126. Le comte de Caylus. — Buste.
Terre-cuite. — DIAM. 14 C.

127. Lud. Car. fr. Petit-Radel pelasgicorum oppidorum indagator. Gayrard f. 1827. — Buste de profil.
Bronze. — DIAM. 12 C.

128. Têtes de Napoléon et de Marie-Louise, superposées, par Andrieu.
Épreuve d'artiste en métal de cloche. — DIAM. 14 C.

128 *bis*. Tête de Napoléon, par le même.
Épreuve d'artiste en métal de cloche. — DIAM. 14 C.

CARTES GÉOGRAPHIQUES, GRAVURES ET LITHOGRAPHIES.

129. Cartes géographiques, par d'Anville, Barbié du Bocage et autres.

129 *bis*. Cartes minéralogiques de la France, dressées sur les observ. de Guettard, par Dupain-Triel.

130. Excursion sur les côtes et dans les ports de Normandie (40 pl. dessin. par Bonington et Luttringhausen, grav. à l'aquatinte par les meilleurs artistes anglais), pap. vél. *Paris*, *Ostervald*, in-fol. mar. cartonné.
Belles épreuves.

131. Voyage pittoresque dans les Pyrénées françaises et les départements adjacents, par Melling. *Paris*, *F. Didot*, 1826-30, 12 livr. in-fol. obl. (72 pl. à l'aquatinte).

ALBERT DURER.

132. *Le Chevalier de la mort.*

AUDEN AERT (R. VAN), d'après Pietro de Cortone.

133. *Martyre de sainte Bibiane.*

EDELINCK, d'après Rigaud.

134. *Portrait de Rigaud.*

DREVET, d'après Van Dyck.

135. *Ecce Homo.*

FONTANA, d'après Canova.

136. *Minerve armée.*
Avant toutes lettres.

LE MÊME, d'après le même.

137. *Statue équestre de l'empereur Napoléon*, vue de quatre côtés; deux pièces.

Cette gravure au trait et la suivante n'ont été faites que pour Canova et ses amis.

LE MÊME, d'après le même.

— *Statue de Madame Mère* (*Letitia Bonaparte*) et de *Léopoldine Esterhazy*; deux pièces.

GIRARDET, d'après Bouillon.

138. * Camée de la Sainte-Chapelle représentant *l'Apothéose d'Auguste.*

Épreuve d'artiste, avant la lettre.

LE MÊME, d'après Lafitte.

139. Cartel aux armes de France, avec cette légende : *Le Roi et la Patrie, la Patrie et le Roi : ils sont inséparables.*

Avant la lettre.

PIAGGIO (J.).

140. Onze eaux-fortes, copiées d'après divers maîtres.

REMBRANDT.

141. *La grande Résurrection du Lazare.*

RIOLLET (Mlle C.), d'après Dav. Teniers.

142. **Le mauvais Riche.*

RUHIÈRE, d'après Lafitte.

143. Frontispice d'un volume de *la Description de l'Égypte*.
Avant toutes lettres.

LE MÊME, d'après Girodet.

— *Érigone*.
Avant toutes lettres. — Belle épreuve signée par l'auteur, ainsi que la précédente.

SAINT-AUBIN, d'après Boichot.

144. * *Portrait de J. Pellerin*.

SPIERRE (F.), d'après Pietro de Cortone.

145. *Martyre de sainte Martine*.

STRANGE (R.), d'après le Guerchin.

146. * *Mort de Didon*.

LE MÊME, d'après Guido Reni.

147. * *Cléopâtre*.
Belle épreuve.

LE MÊME, d'après le Titien.

148. * *Vénus et Adonis*.

WILLE (J.-G.), d'après Mieris.

149. *L'Observateur distrait*.

150. Sept eaux-fortes, d'après des dessins de maîtres, par le marquis de Lagoy, avec envoi autographe de l'auteur.
Rares.

151. Lot de gravures diverses.

152. Lot de portraits gravés et lithographiés.

153. Gravures d'antiquités, de paysages, etc.

DESSINS.

La plupart de ces dessins ont été donnés autrefois à M. Mionnet par son ami le marquis de Lagoy, qui les tirait de son beau cabinet.

AFTEN (VAN).

153 bis. * *Intérieur de cabaret*. — Nombreuses et vives figures occupées à boire. Au premier plan, des cruches renversées.

ALBA CARIERA (ROSA).

154. * Son portrait, au pastel.
Ovale. — H. 54, L. 45 C.

ALBANE.

154 bis. * *Repos de la Sainte Famille.* — Des anges agenouillés présentent des fleurs à l'enfant Jésus. — Au crayon, lavé et rehaussé de blanc.

ASSELYN.

154 ter. *Intérieur du Colysée.* — Dessiné énergiquement. — Lavé au bistre.

BAROCCIO.

155. * *La Vierge* couronnée par un ange, ouvre son manteau sous lequel s'abritent une foule de saints personnages. A la plume, lavé et rehaussé de blanc.

BARTHELEMY.

156. *Deux Figures symboliques.* — Femmes enveloppées de draperies. Sur papier bleu, au crayon rouge, rehaussé de blanc.

156 bis. * *Un Guerrier blessé.* — Beau groupe de cinq figures. — A la plume et lavé.

156 ter. * *Vue de l'Intérieur d'un palais magnifique.* — A la plume et lavé.

BOLOGNÈSE.

157. *Paysage* à la plume.

BOUCHER.

158. * *Tête de jeune fille*, vue de profil, avec des roses et des rubans dans les cheveux. — Pastel.

LE MÊME.

159. *Bergers et Bergères.* — Sept figures. Vaches et moutons dans un paysage. — A la plume et lavé de laque.

LE MÊME.

160. *Grande Figure académique d'homme nu.* A la sanguine.

LE MÊME.

161. *Deux Amours avec une Colombe.* — Pastel.

BOURDON (SÉBASTIEN).

162. *Composition allégorique.* — Quatorze figures. A la plume et lavé. Cabinets Charles Rogers, auteur des imitations des dessins anciens, et Paul Sandby, artiste anglais.

BREUGHEL.

153. *Deux grands Paysages* avec figures. A la plume et lavés.

CARRACHE (ANNIBAL).

164. * *Sacrifice à Neptune.* Composition capitale, à la plume et lavée. Cabinets Mariette et Rémond.

LE MÊME.

165. * *Vigoureuse Etude de paysage*, à la plume.

LE MÊME.

166. *Paysage* à la plume, avec une figure de saint Jérôme.

CARRACHE (LOUIS).

166 bis. *Un Saint et un Evêque.* — Les anges apparaissent dans le ciel. — A la plume et lavé. — Coll. Hamal.

CASANOVA.

166 ter. *Bataille*, vivement exécutée au bistre.— Signé et daté 1786.

CIGNANI.

167. * *Figure symbolique.* — Femme occupée à écrire et inspirée par un ange. — A la plume et au crayon rouge.

CLAUDE LORRAIN.

167 bis. * *Vue de Tivoli.* — Étude à la plume et lavée.

CLAUDE LORRAIN (attribué à).

168. * *Vue du Colysée.* Paysage avec des ruines. — A la plume.

CORRÈGE (attribué au).

169. * *La Vierge* tenant l'enfant Jésus entre ses bras. — Gracieux dessin, estompé au crayon noir et rehaussé de blanc.

DAVID (LOUIS).

170. * *Terpsichore.* — Figure d'étude, au crayon noir.

DOMINIQUIN.

171. * *L'Annonciation.* Le père Éternel et le Saint-Esprit dans le ciel, entourés d'anges. — Beau dessin au crayon rouge.

LE MÊME.

172. * *La Trinité.* Dieu le père et le Saint-Esprit chargent Jésus de la rédemption des hommes. On voit au-dessous Adam et Ève dans le Paradis terrestre. Cabinet sir Charles Bagot.

DUPLESSI-BERTAUX.

173. * *Transport d'une énorme pierre traînée par trente-huit chevaux et suivie de charriots.* — On dit que c'est la première pierre du pont de Neuilly.

FRAGONARD.

174. *Paysage.* — Arbres et rochers, au crayon rouge, contre-épreuve.

FRAGONARD.

174 bis. * *Deux petits Amours* avec des guirlandes. — Au crayon noir.

GOLTZIUS.

175.* *Suzanne au bain.* (Deux sujets).—1er sujet : Suzanne se dispose à entrer au bain, un page lui apporte une lettre. — 2e sujet : Les deux vieillards font des protestations d'amour à Suzanne. Superbes dessins avec de beaux fonds d'architecture.

GREUZE.

176. *Cinq contre-épreuves de têtes*, au crayon rouge.

GREUZE.

176 bis. * *La Balayeuse.* — Dessin à la plume et lavé.

GREUZE.

176 ter. *Etude de bras.* — A la sanguiue.

GUERCHIN.

177.* *La famille de Darius aux pieds d'Alexandre.* — Energique dessin à la plume et lavé.

GUÉRIN.

178. *Mort de Lucrèce.* — Cinq figures. — A la plume et lavé.

GUIDE.

179.* *Adoration de la Vierge.* — Charmant dessin au crayon rouge, rehaussé de blanc.

LE MÊME.

180. * *L'enlèvement d'Europe*, à la plume et lavé.

GUIDE.

180 bis. * *La Transfiguration.* — Les apôtres sont prosternés aux pieds du Christ qui monte au ciel. — A la plume et lavé.

HUET.

181.* *Deux enfants, un chien et des coqs.* — Charmant pastel signé et daté 1779.

JORDAENS (J.).

182. * *Les Vendeurs chassés du Temple.* — Aquarelle.

JOUVENET.

183. **Descente de croix.* — Analogue au grand tableau du Louvre. Sept figures. A la plume et lavé.

LA FAGE.

184. *Esquisse* à la plume et lavée.

LAGRENÉE.

185. *Abraham et les Anges.* — Deux pendants à la plume et lavés.

LEBRUN.

186. *Huit feuilles d'études*, de têtes, de pieds et de mains.

LE MÊME.

186 bis. *Grande Figure de femme* enveloppée de draperies. — Au crayon noir.

LÉPICIÉ.

187. *Luttes de plusieurs figures nues.* — Vigoureux dessin au crayon rouge et lavé.

LE PRINCE.

187 bis. *Le Berceau suspendu.* — Charmant dessin à la mine de plomb, exécuté pour la gravure.

LESUEUR.

188.* *Saint Pierre délivré de la prison par un ange.* — On voit plusieurs repentirs du maître. Au crayon noir et légèrement lavé de bistre.

LESUEUR (attribué à).

189. *Deux grandes figures d'études*, au crayon noir rehaussé de blanc.

LOCATELLI.

190.* *Paysage* avec deux grands arbres et quelques figures.

MARATTE (CARLE).

191.* *La Vierge, l'enfant Jésus et saint Jean.* — A la plume.

MESSYS (QUINTIN).

192.* *Cinq hommes à table.* — Dessin circulaire à la plume et lavé.

MONPER.

193.* *Paysage* avec des montagnes, des ruines, et une perspective immense.

MONPER.

194. * Autre *paysage* avec une rivière qui sillonne la campagne.

NATOIRE.

195.* *Deux sujets allégoriques.*— La Force aux pieds de la Justice, et la Vérité à côté de la Renommée. — Deux pièces.

LE MÊME.

196. *Embarquement d'Hélène.* — Nombreuses figures, au crayon rouge.

PANNINI.

197. *Ruines* avec quelques figures.

POLYDORE DE CARAVAGIO.

198.* *Combat sous les murs de Troie.*— Grande composition avec d'innombrables figures.

POUSSIN (NICOLAS).

199. * *La Madeleine aux pieds du Christ.*— Superbe dessin à la plume, au crayon rouge et lavé.

LE MÊME.

200.* *Architecture et ruines.* — A la plume, lavé et rehaussé de blanc.

LE MÊME.

201. * *Sainte Famille.*— Six figures dans un paysage. — Gravé N° 624, T. 8 du musée Filhol. — Précieux dessin à la plume et lavé.

LE MÊME.

202.* 1° *Etude de bas-relief antique.*— Quatre figures. A la plume et lavé.

— 2° *Bas-relief antique.* — Neuf figures.

— 3° *Bas-relief.* — Un char triomphal. Nombreuses figures.

— 4° * *Etude* d'après une statue antique.— Un homme enveloppé de draperies.

— 5° * *Femme debout*, d'après une statue antique.

— 6° *Deux feuilles de décorations et d'armures*, d'après l'antique.

— 7° *Femme* vue de face, la main gauche appuyée sur une urne.

RAPHAEL (attribué à).

203.* *Trois saintes Femmes* debout, enveloppées de longues draperies et portant de petites urnes. — Pourrait être de Francia. — — Coll. François Regnault Delalande.

REMBRANDT.

203 bis. * *Tête d'homme à barbe,* coiffé d'un turban à aigrette. — A la plume et d'une couleur énergique.

LE MÊME.

203 ter. * *Tête d'homme à barbe,* coiffé d'un turban à plumes ; pendant du précédent.

ROBERT (HUBERT).

204. *Deux Paysages* avec figures. — Lavis.

RUBENS.

204 bis. * *La Toilette de Vénus.* — Huit figures de femmes.— Cette belle esquisse paraît être une contre-épreuve à la laque.

SALVATOR ROSA (attribué à).

204 ter. * *Paysage* avec de grands arbres, un pont et une tour. — A la plume et chaudement lavé.

TEMPESTE.

205. *Bataille. Lutte de guerriers à cheval.* — A la plume et rehaussé d'or, sur papier rouge.

TENIERS (attribué à).

206. *Paysage.* — Des arbres et des maisons.

VAN DER NEER (attribué à).

207. *Paysage* avec un clocher et quelques maisons. — Effet du soir.

VANDEVELDE (ADR.) (attribué à).

207 bis. *Académie* d'homme assis. — *Autre* de femme. — Deux dessins au crayon rouge.

VAN DER MEULEN.

207 ter. *Deux Cavaliers.* — Deux contre-épreuves à la laque.

VANLOO (CARLE).

208. * *Tête de vieillard à barbe.* — Gouache.

VAN UDEN.

209.* *Paysage* avec des fonds extrêmement fins.

ULFT VANDER.

209 bis. *La Fontaine.*— Des cavaliers et des chasseurs sont arrêtés auprès d'une foutaine ornée d'une statue. — A l'encre de Chine.

VERNET (CARLE).

210.* *Six figures sur des ruines.* — Lavé.

VERNET (JOSEPH).

211. * *Paysage au bord de la mer.*

VINCENT.

212. *Tête de Femme*, grandeur naturelle. — A l'estompe et au crayon noir.

WATTEAU.

213. **Le Joueur de Cornemuse.* — Etude de figure en pied, au crayon noir, rehaussé de blanc. — *Femme assise,* au crayon rouge, rehaussé de blanc. Deux charmants dessins, encadrés ensemble.

LE MÊME.

214. **Étude d'un buste*, représentant un homme à barbe. Charmant dessin à la sanguine.

LE MÊME.

214 bis. **Portrait de Mazetini*, premier comique du Théâtre-Italien. Il est en costume de théâtre et chante en s'accompagnant de la guitare. — Aux trois crayons.

LE MÊME.

215. **Étude* de Tète et de Bras, aux trois crayons.

LE MÊME.

216. *Petite figure de Femme assise*, aux trois crayons.

LE MÊME.*

217. *Etude de Vielleuse*, aux trois crayons.

ZUCCARO (TADDEO).

218.* *Sujet historique.*—Grandes Figures au milieu de colonnes et de monuments.

ZUCCARO (TADEO).

218 bis. * *Scène de la Bible.* — Magnifique composition de dix-huit figures. — A la plume, lavé et rehaussé de crayon rouge.

ÉCOLE FRANÇAISE, dix-huitième siècle.

219. *Grande figure de Vierge*, les mains croisées sur la poitrine.

220. * *Portrait de Louis XV*, dans sa jeunesse. Miniature ovale.

ÉCOLE DE RAPHAEL.

221. *Grande figure d'Apôtre*, tenant un livre de la main droite.

ÉCOLE ROMAINE.

222.* *Mise au tombeau*.— Composition de Raphaël. Huit figures A la plume , et rehaussé de blanc, sur papier bistré.

223. *Vingt Etudes* d'après des sujets antiques.

FIN.

Imprimerie de Hennuyer et Turpin, rue Lemercier, 24. Batignolles.

www.ingramcontent.com/pod-product-compliance
Lightning Source LLC
LaVergne TN
LVHW052023160826
845678LV00003B/1179

* 9 7 8 2 3 2 9 6 3 5 5 1 4 *